# EXPOSÉ DES MOTIFS

## A L'APPUI

## DU PROJET DE BUDGET

# DES RECETTES ET DES DÉPENSES

## DU SERVICE LOCAL

### POUR L'EXERCICE 1887.

Messieurs les Conseillers généraux,

Conformément aux dispositions de l'article 5 du sénatus-consulte du 4 juillet 1866 et de l'article 40 du décret financier du 20 novembre 1882, j'ai l'honneur de soumettre à vos délibérations le projet de budget du service local pour l'exercice 1887.

Équilibré, en 1884, à la somme de........ 5,111,540ᶠ 36
le budget de la colonie, grâce aux efforts combinés
de l'administration et du conseil général, avait
pu être réduit pour 1885 au chiffre de........ 4,406,823 00

soit une diminution de..................... 704,717 36

Une semblable réduction, tous les services demeurant convenablement assurés, semblait représenter le maximum des économies susceptibles d'être réalisées. On ne pouvait malheureusement prévoir le degré d'intensité qu'aurait acquis cette crise sans précédent qui, depuis lors, se fait si cruellement sentir, et qui, frappant le monde entier, paraît plus particulièrement s'appesantir sur les colonies.

Cependant, l'année suivante, et sans faire un pas en arrière dans la voie de progrès où l'on s'était engagé avec tant de patriotique confiance, la représentation locale n'hésitait pas, sur la proposition de l'autorité supérieure, à ramener, pour 1886, les prévisions budgétaires à la somme de 4,157,656 francs, opérant ainsi une nouvelle réduction de 249,167 francs sur les dépenses de l'exercice 1885.

Ces sacrifices qui ont tant coûté n'ont pu conjurer le mal; la situation n'a fait que s'aggraver; l'agriculture, l'industrie, le commerce, ces sources vives du pays, en souffrent considérablement. Il convient donc de chercher à les alléger d'une partie au moins des charges qu'elles ont jusqu'ici supportées.

C'est dans cette pensée que l'administration avait préparé pour 1887 le projet de budget qu'elle devait soumettre à vos délibérations.

En opérant sur les dépenses du personnel et du matériel les économies reconnues possibles, elle avait réussi, tout en assurant la marche des services publics, et sans créer aucune charge nouvelle aux contribuables, à réduire dans une large proportion le droit à la sortie.

Elle se félicitait d'avoir pu prendre, cette année, l'initiative de la proposition d'un dégrèvement important sur notre principale denrée; elle était heureuse de l'avoir réalisé à son projet de budget qui avait été déjà arrêté, quand toutes ses combinaisons se sont trouvées renversées, à l'arrivée du courrier anglais du 19 de ce mois.

Par une dépêche en date du 2 novembre courant, M. le ministre de la marine et des colonies a fait connaître à M. le gouverneur que les effets de la convention fixant à 500,000 fr. la garantie coloniale devaient remonter au 1er janvier de la même année, en l'invitant à prendre, de concert avec le conseil général, les dispositions nécessaires pour en assurer l'exécution.

En vain l'administration a essayé en retournant le budget en tous sens, d'y trouver place pour l'inscription d'une dépense aussi considérable par suite de la garantie qui doit fonctionner dans sa totalité pour l'année 1886.

Mais les diminutions réalisées les années précédentes forment un total tel que les réductions pouvant être effectuées ne fournissent plus qu'un chiffre insignifiant, eu égard au crédit à affecter au payement de cette garantie. Force lui a donc été, à son grand regret, de maintenir à 2 francs le taux du droit à la sortie sur les sucres. Il s'agit là, Messieurs les Conseillers généraux, d'une de ces nécessités que vous avez acceptées après longue discussion et devant laquelle on est forcé de s'incliner.

Avant d'entrer dans l'examen détaillé du projet de budget de 1887, il me parait indispensable de vous donner un aperçu des résultats de l'exercice 1885 et de ceux de l'exercice en cours.

L'exposé des motifs à l'appui du compte de 1885 qui lui sera présenté fera connaitre au conseil général les résultats des opérations de cet exercice. En restreignant nos dépenses dans toute la mesure du possible, le déficit qui semblait imminent a pu être évité : ainsi l'administration croit devoir résumer la situation financière de l'exercice 1885, telle qu'elle résulte du compte.

Si, en effet, un versement de 65,079 fr. 84 cent. a été effectué à la caisse de réserve au 30 juin 1886, un certain nombre de dépenses de l'exercice 1885, s'élevant à une somme à peu près égale, ont dû être mandatées sur les ressources de l'exercice en cours, indépendamment des payements, qui, effectués en France, sont toujours régularisés au titre des exercices clos.

Passons aux opérations comprises au budget courant.

Les recettes de l'exercice 1885 se sont totalisées au 30 juin 1886 à la somme de...................................... 4,784,910ᶠ 55

Au 30 octobre 1885, les recettes effectuées montaient à... 3,889,281ᶠ 18

Au 30 octobre 1886, elles s'élevaient au chiffre de............ 3,484,686 52

Soit en moins en 1886....... 404,594 66

(10.42 pour 100.)

Mais il y a lieu de remarquer ici que les prévisions budgétaires en 1885 avaient été fixées à.... 4,406,823 00

tandis que celles du budget de 1886 ne sont que de.......... 4,157,656 00

Ce qui donne une différence de. 249,167 00

dont il importe de tenir compte.

En appliquant la proportion ci-dessus établie aux recettes à réaliser d'ici la fin de l'exercice, soit 10 pour 100 environ sur 4,784,730 fr. 55 c.     478,473 05

On peut prévoir un chiffre total de recouvrements de........................................... 4,306,257 50

au 30 juin 1887.

D'autre part, les dépenses au 30 octobre 1886 s'élevant à la somme de..................... 3,060,466ᶠ 75

Si l'on y ajoute le montant de celles qui ont été faites du 1ᵉʳ novembre 1885 au 30 juin 1886, soit..................... 1,098,314 42

Nous trouverons un total de............. 4,158,781 17

qui, déduit des chiffres des recettes, laisserait comme excédent, à la clôture de l'exercice.... 247,476 33

Mais cet excédent ne sera réalisé qu'à la condition que l'administration ne prescrive pas le reversement à la caisse de réserve de la somme de 207.000 francs qu'elle a dû prélever sur ce fonds en faveur de la caisse de l'immigration, en vue d'assurer, au commencement de l'année, le payement du convoi effectué par la *Néra* ainsi que la marche générale du service.

Ces 207,000 francs qui figurent au budget de l'exercice 1886 au titre « *Attribution ordinaire sur les revenus de la colonie* », n'avaient pu être mandatés sur les ressources générales du budget, au moment où il y avait lieu de pourvoir à la liquidation des dépenses du convoi.

Toutefois, comme il est peu probable que les payements à faire jusqu'à la clôture de l'exercice, atteignent le chiffre constaté pour la période correspondante de 1885, l'administration croit pouvoir affirmer qu'elle sera en mesure, en agissant avec économie et prudence, d'opérer cette restitution d'autant plus nécessaire que l'avoir de la caisse de réserve se trouve aujourd'hui considérablement réduit et que la colonie est exposée, d'un moment à l'autre, à satisfaire à des revendications qui épuiseraient entièrement l'actif disponible.

## PROJET DE BUDGET DE L'EXERCICE 1887.

Les recettes prévues au budget de l'exercice 1886 s'élèvent à................................................. 4,157,657ᶠ 00

Les prévisions inscrites au projet de budget de 1887 sont évaluées à.................... 4,603,740 00

Différence en plus en 1887..   446,083 00

Cette augmentation des prévisions résulte, ainsi que je viens de l'expliquer, de l'obligation imposée à l'administration de faire figurer au budget un crédit de 500,000 francs pour le service de la garantie coloniale.

Les dépenses du projet ne s'élevant qu'à. 4,541,769ᶠ 45 si l'on en déduit :

1º Ladite somme de..........500,000 00
2º Un crédit de............... 61,970 55
que l'administration a dû laisser libre en vue des dépenses que nécessiteront le fonctionnement du laboratoire pour les sucres et l'augmentation du personnel des douanes...................................... ————— 561,970 55

Les dépenses à prévoir pour l'exercice prochain n'auraient atteint que le chiffre de...... 3,979,798 90 les réductions opérées sur les dépenses du personnel et du matériel étant admises.

Cette constatation suffit à prouver le soin tout particulier avec lequel l'administration s'est attachée à entrer dans la voie des économies, conseillée si instamment par le conseil général.

Bien placée qu'elle est pour être au courant de la situation réelle du pays, l'administration a pensé que le moment n'était pas opportun de grever le contribuable de charges nouvelles. Elle a cru, dès lors, devoir surseoir à vous proposer pour 1887 l'application de toute surtaxe sur les contributions. Elle ne s'est pas cependant désintéressée de l'examen des questions relatives au remaniement de notre régime fiscal.

L'opinion publique, d'accord, je le sais, avec la représentation locale, réclame depuis longtemps des réformes en cette matière; mais vous me permettrez, Messieurs les Conseillers généraux, d'exprimer l'avis que des réformes aussi radicales doivent être étudiées avec soin et discutées avec maturité. Elles ne peuvent être résolues hâtivement et sous l'influence de l'entraînement de ceux qui n'ont pas la direction et la responsabilité des affaires publiques. Il serait, en effet, imprudent, dans notre situation actuelle, de nous livrer aux expériences d'une transformation précipitée qui pourrait nous conduire à des déceptions terribles.

Dans cet ordre d'idées, l'administration est en mesure de vous soumettre divers projets étudiés en vue de répartir plus équitablement les charges imposées aux contribuables; mais elle vous convie à en confier l'examen à une commission dont feraient partie des membres de l'assemblée locale désignés par le conseil, et qui vous soumettrait à votre prochaine session le résultat de ses études consciencieuses.

C'est ainsi que, pour me conformer à ces *desiderata*, j'ai l'honneur, Messieurs les Conseillers généraux, de présenter à votre examen les projets ci-après qui se rapportent :

1º A l'établissement du droit de consommation sur les sucres blancs fabriqués dans la colonie;

2º A l'application du compteur Chapp;

3º A la révision de la législation locale sur les patentes, en vue d'une répartition plus équitable des charges entre les contribuables.

Il me reste, Messieurs les Conseillers généraux, à vous faire connaître en détail l'économie du projet qui vous est présenté.

## RECETTES.

## PREMIÈRE DIVSION.

### Article 1er. — Contributions sur rôles.

En 1886..................... 452,700f 00
En 1887..................... 462,700 00

En plus................... 10,000 00

Cette augmentation porte entièrement sur les deux impôts des maisons et des patentes dont le produit peut, sans exagération, être majoré de 5,000 francs en 1887, d'après le montant des rôles correspondants de 1886.

### Article. 2. — Droits perçus sur liquidations.

En 1886................... 2,859,370f 00
En 1887................... 3,347,300 00

En plus en 1887........ 488,030 00

C'est à cet article, véritable soutien du budget, qu'ont été opérées les modifications les plus importantes. Je les signalerai successivement en les expliquant :

### § 1er. — *Service des douanes.*

10e à prélever sur l'octroi pour frais de perception.

En 1886..................... 84,000f 00
En 1887..................... 90,000 00

En plus................... 6,000 00

Les promesses de la prochaine récolte permettent d'entrevoir une certaine reprise des affaires, qui s'accusera particulièrement aux importations, d'où la probabilité d'un rendement meilleur de l'octroi qui justifie cette augmentation de 6,000 francs.

*Droits de sortie sur les denrées coloniales.*

En 1886................... 908.760f 00
En 1887................... 1,315,100 00

En plus................... 136,340 00

D'après l'opinion générale, les circonstances exceptionnelles dont la récolte sur pied est favorisée doivent en élever le rendement à 100,000 barriques de sucre. L'administration se réjouissait de cette heureuse perspective qui aurait eu pour effet de relever le courage des producteurs en même temps qu'elle devait lui permettre, par la réduction du droit de sortie, de prêter à ceux-ci cette assistance qu'ils méritent à tant d'égards.

Mais il a fallu, pour les motifs déjà indiqués, calculer les prévisions budgétaires sur un droit en principal de 2 francs, comme les années précédentes.

Une légère augmentation, se chiffrant à 27,200 francs, a été également prévue au titre du droit à la sortie sur la mélasse et le tafia.

« L'abondance de mélasse, que déterminera une production de 100,000 barriques de sucre et la conversion directe en alcool de grandes quantités de jus qui, précédemment, dans certaines localités, eussent été concentrées en sucre brut, feront, explique M. le chef du service des douanes, progresser encore la fabrication du tafia, laquelle ayant donné 3,118,293 litres en 1885, avec une exportation de 82,000 barriques, ne pourra être inférieure sans doute à 3,500,000 litres en 1887. »

C'est ce chiffre que vous propose également l'administration.

Les mêmes prévisions qu'en 1886 ont été maintenues en ce qui concerne les autres denrées.

### Droits de consommation.

| | |
|---|---|
| En 1886...................... | 531,700 00 |
| En 1887...................... | 551,700 00 |
| En plus en 1887.......... | 20,000 00 |

L'évaluation du droit sur les tabacs demeurant fixée, décimes compris, à 131,000 francs, l'augmentation de 20,000 francs s'accuse à la rubrique : *Farine, riz, poissons salés.*

« Le relèvement présumé des affaires à l'importation profitera aussi à cette branche, d'autant plus qu'en raison des articles de première nécessité qui y sont imposés, elle n'a été que peu influencée par la crise économique que la colonie traverse. »

Cette opinion, exprimée par M. le chef du service des douanes, se justifie d'autant mieux qu'à la date du 20 octobre 1886, les recettes réalisées au même titre sont de 312,400 francs, ce qui donne à penser qu'elles atteindront, à peu de chose près, la prévision de 400,000 francs inscrite au budget en cours.

### Droits de navigation et de port.

| | |
|---|---|
| En 1886...................... | 92,400 00 |
| En 1887...................... | 132,000 00 |
| En plus en 1887............ | 39,600 00 |

Au 20 octobre 1886, les recettes réalisées à cet article s'élèvent à la somme de 108,795 francs; elles arriveront bien au chiffre de 120 ou de 125,000 francs.

Avec M. le chef du service des douanes, l'administration estime donc que le produit de ces droits devra encore se relever, eu égard à la majoration du produit de la récolte prochaine et à la reprise probable des opérations commerciales. La prévision de 132,000 francs peut, en conséquence, être admise sans aucune crainte.

*Droits divers.*

| | |
|---|---|
| En 1886...................... | 12,910 00 |
| En 1887...................... | 10,000 00 |
| En moins en 1887.......... | 2,910 00 |

Prévu en 1886 pour la somme de 8,000 francs, le droit d'entrepôt sur lequel porte la diminution, a dû être réduit à 4,990 francs, le produit de cette redevance baissant à mesure que l'emploi des entrepôts particuliers se développe.

*Droits de douane.*

| | |
|---|---|
| En 1886...................... | 25,000 00 |
| En 1887...................... | 50,000 00 |
| En plus en 1887........... | 25,000 00 |

Au 31 octobre 1886, le produit réalisé des droits de douanes s'élevait à la somme de 46,231 fr. 90 cent.

Il n'est donc pas téméraire de prévoir pour 1887 le chiffre de 50,000 francs qui sera certainement atteint pendant l'exercice en cours.

§ 2. — *Service des contributions.*

| | |
|---|---|
| En 1886...................... | 1,204,600 00 |
| En 1887...................... | 1,168,600 00 |
| En moins en 1887.......... | 36,000 00 |

Cette diminution se manifeste à la rubrique : *Droit de consommation sur les spiritueux.*

M. le chef du service des contributions n'avait cru devoir proposer qu'une prévision de 1,100,000 francs, inférieure de 76,000 francs à celle du budget en cours; mais l'administration, se fiant à bon droit sur un concours plus actif et plus dévoué du service, n'a pas hésité à relever la recette au chiffre de 1,140,000 francs qui représente la moyenne des dernières années.

Article 3. — **Produits divers et recettes à différents titres.**

§ 1er. — *Service de l'enregistrement.*

En 1886...................... 493,061 00
En 1887...................... 463,115 00

En moins................. 35,546 00

M. le chef du service de l'enregistrement, en établissant ses prévisions, a tenu compte du ralentissement sensible qui s'est produit dans les affaires depuis deux ans. Bien qu'une reprise semble forcée, l'administration a cru prudent d'adopter les prévisions qui lui ont été proposées et dont le chiffre représente le montant des recouvrements à opérer en 1886.

§ 2. — *Services divers.*

En 1886.................. 346,925 00
En 1887.................. 330,525 00

En moins............. 16,400 00

Cette différence résulte des deux modifications ci-après auxquelles ont donné lieu les prévisions de 1886 :

1° L'annuité exigible en 1886 du prix de vente de l'habitation Richeval est de 13,202 fr. 27 cent. au lieu de 26,406 francs ;

2° La commune de la Capesterre ayant demandé la suppression du bureau télégraphique fonctionnant dans cette localité, le montant de sa quote-part a été réduit de moitié, soit à 1,525 fr., la compagnie devant, aux termes de la convention qui la lie, être prévenue six mois à l'avance.

Les autres diminutions légères constatées à cet article sont compensées par des augmentations.

Il n'a été rien prévu à la deuxième division : *Recettes extraordinaires*, par la raison que le montant de l'emprunt contracté pour l'appontement de la Basse-Terre et la construction du pont Lauréal sera rattaché au budget de l'exercice 1886.

## DÉPENSES.

Le budget des dépenses voté pour l'exercice 1886 s'élevait à.................................................4,157,656f 00

Le projet de budget présenté par l'administration pour l'exercice 1887 se totalise à la somme de...................................................4,541,769 45

En plus pour 1887........... 384,113 45

Je ferai connaître au conseil, en suivant l'ordre des articles, les additions ou suppressions que comporte le projet soumis à ses délibérations.

### Ire DIVISION. — DÉPENSES ORDINAIRES.

#### CHAPITRE Ier. -- DETTES EXIGIBLES

En 1886.......................... 144,670 00
En 1887.......................... 700,556 00

En plus en 1887........ 555.886 00

L'administration ne pouvait, en présence des prescriptions formelles de la dépêche ministérielle du 14 mai 1886, dont il a été donné connaissance au conseil à la session extraordinaire du mois de juin 1886, ne pas faire figurer au budget l'annuité, afférente à 1887, de la dette de la colonie envers l'État.

Confiante dans la sollicitude des pouvoirs métropolitains, elle aime à penser que, bientôt, interviendra une solution déchargeant la colonie de cette dette qu'elle est aujourd'hui, plus que jamais, impuissante à rembourser.

En transmettant au Département le procès-verbal des délibérations du conseil, l'autorité supérieure a insisté, de son côté, à l'effet d'obtenir que cette remise nous soit accordée.

Cette somme s'ajoutant aux 500,000 francs prévus en faveur du Crédit foncier et à un second crédit de 7,636 francs représentant l'intérêt et l'amortissement de l'emprunt destiné à la construction de l'appontement de la Basse-Terre et du pont Lauréal, justifie l'augmentation ci-dessus constatée.

#### CHAPITRE II. — SERVICES OBLIGATOIRES.

En 1886.......................... 1,096,881 00
En 1887.......................... 1,157,280 47

En plus en 1887...... 60,399 47

Il s'agit encore ici de dépenses dont l'inscription s'impose, et si cet excédent n'est pas plus considérable, c'est que l'administration a procédé à toutes les réductions qu'il était possible d'opérer.

L'augmentation de 2,212 fr. 10 cent. accusée à l'article 1er : *Gouvernement colonial* provient, d'une part, de l'élévation à 8,000 francs du traitement du secrétaire archiviste, d'après un vote du conseil général à la session extraordinaire du mois de juin 1886, et, d'autre part, de la fixation à 2,500 francs, au lieu de 1,500 francs, du crédit affecté au renouvellement et à l'entretien du mobilier des hôtels du gouvernement. Ces 2,500 fr. représentent le minimum de dépense pouvant être prévu à ce titre.

Ici, et cette observation s'appliquera à tous les autres articles du chapitre II et du chapitre III, l'administration croit devoir fournir au conseil général l'explication des différences qu'il constatera dans la fixation des traitements de certains fonctionnaires.

Les lois des finances des 21 et 22 mars 1885, en plaçant les fonctionnaires civils des colonies sous l'application de la loi du 9 juin 1853, a déchargé la caisse des Invalides du payement des pensions pour services rendus à l'État; d'autre part, celle du 22 mars de la même année ayant, par son article 11, attribué au trésor, à qui incombe aujourd'hui le payement des pensions des fonctionnaires des services locaux, les retenues de 3 et de 5 pour 100 exercées au profit de ladite caisse, la loi des finances du 8 août 1885, par application de l'article 6 du sénatus-consulte du 4 juillet 1866, a imposé aux colonies le versement de contingents équivalents au montant des prestations précédemment opérées au profit de l'établissement des Invalides sur les dépenses locales.

Il n'y a donc plus à inscrire aujourd'hui en sommes brutes dans les budgets locaux que la solde et les accessoires proprement dits de la solde des fonctionnaires retraités d'après la loi du 5 août 1879. En ce qui concerne les fonctionnaires placés sous le régime de la loi du 9 juin 1853, il doit être, en atténuation du contingent imposé à la colonie, déduit du supplément de traitement qui leur est alloué à la charge du budget local, le montant de la retenue de 3 pour 100 dont cette partie de la solde était autrefois passible au profit de la caisse des Invalides.

À l'article 2: *Direction de l'intérieur*, l'administration, résolue à se maintenir dans la voie des économies, a conservé le crédit de 137,000 francs inscrit pour le personnel au budget de 1886. Elle rendra compte au conseil général de l'essai loyal qu'elle se propose de faire en vue d'assurer le fonctionnement des bureaux avec un personnel, dont l'entretien ne devra pas excéder la somme de 137,000 francs; et si les résultats obtenus en démontrent la possibilité, elle n'hésitera pas à prendre l'initiative d'une proposition au département tendant à faire réduire à ce chiffre le minimum obligatoire fixé par le décret du 9 novembre 1883.

L'article 3: *Instruction publique* prévoit au contraire une augmentation de dépenses de 37,529 francs reconnue indispensable pour assurer la marche régulière du service du lycée et de l'instruction primaire.

Les rapports spéciaux qui seront placés sous les yeux du conseil lui permettront d'apprécier ce qu'il a fallu de sage économie à l'administration pour arriver à ce résultat.

Une modification a été faite à l'article 4, et a occasionné l'excédent de dépenses de 1,374 fr. 13 cent. Cet excédent provient de l'inscription d'un crédit nouveau de 2,019 francs en vue de la création d'une brigade de gendarmerie dans la commune du Lamentin. Pour compenser cette dépense, M. le commandant de la gendarmerie a proposé la suppression de la brigade de l'Anse-Bertrand, mais le conseil général, à plusieurs reprises, ayant affirmé l'utilité de ce dernier poste militaire, l'administration a cru devoir maintenir provisoirement le crédit qui y est affecté.

Nous relevons également à l'article 5 et à l'article 6 deux excédents qu'il n'a pas été possible d'éviter. Il a été reconnu que les crédits de 72,000 francs et de 27,000 francs prévus au budget de 1886, pour la nourriture des détenus ou des aliénés sont manifestement insuffisants en raison du chiffre des rationnaires. Les sommes proposées pour 1887 constituent un minimum au-dessous duquel on ne saurait descendre. D'autre part, et pour obéir aux instructions formelles du Département, l'administration a dû prévoir la création d'un emploi d'inspecteur des prisons.

Enfin l'excédent sans importance de 855 francs constaté à l'article 7 : *Justice et Cultes* provient de la nécessité où s'est trouvée l'administration de porter les crédits destinés à l'entretien du mobilier de l'hôtel du procureur général et aux menues dépenses de la cour et des tribunaux au chiffre pour lequel ils figuraient aux précédents budgets.

### CHAPITRE III. — SERVICES FACULTATIFS.

Les mêmes prévisions qu'en 1886 ayant été maintenues aux articles 1, 2, 5, 11, 12, 14, 15, 16 et 17, l'administration ne croit pas qu'il soit utile de s'étendre sur les détails de chacun de ces articles qui indiquent l'emploi exact des crédits y correspondants.

A l'article 3 : *Contributions diverses*, qui présente, par rapport au crédit alloué au budget de 1886, un boni de 4,369 fr. 50 cent. l'administration aurait voulu pouvoir accueillir une proposition d'avancement faite par M. le chef de ce service en faveur des deux contrôleurs vérificateurs de 1re classe, qui se recommandent tant par l'ancienneté de leurs services que par l'utile et intelligent concours qu'ils n'ont jamais cessé de prêter.

Leur élévation au grade d'inspecteur de 3e classe aurait procuré à chacun de ces fonctionnaires une augmentation de traitement de 600 francs environ ; mais, en présence des difficultés avec lesquelles la colonie se trouve aux prises, j'ai cru nécessaire de réserver au conseil général le soin d'apprécier s'il y a lieu ou non de donner suite à cette mesure de bien-veillance en même temps que de justice.

Il n'en est pas de même en ce qui concerne M. le chef du service des douanes, qui a été promu au grade d'inspecteur de 2e classe et dont le conseil général a su déjà si bien apprécier l'intelligence, le zéle et le dévouement.

Le traitement de ce fonctionnaire a dû être élevé de 7,875 à 8,750 francs, fixation inscrite au cadre voté par le conseil général en juin 1883, et que le ministère avait d'ailleurs déjà indiquée à l'égard de l'un des précédents chefs de service, par une dépêche du 5 juin 1886. L'augmentation de dépenses sur l'ensemble de l'article 6 ne sera que de 957 fr. 55 cent.

Le crédit de l'article 4 a été majoré du montant de la différence entre le crédit inscrit au budget en cours et celui qui a été alloué par le conseil général, à la dernière session extraordinaire, à titre de subvention à l'entrepreneur du service postal par terre, du chef-lieu à la Pointe-à-Pitre.

A l'article 7 : *Ponts et chaussées*, l'administration, se conformant au vœu exprimé par la commission extraparlementaire, prévoit à son projet une économie de 19,880 fr. 80 cent. résultant de la suppression des deux ingénieurs d'arrondissement.

La direction des centres principaux de la Basse-Terre et de la Pointe-à-Pitre sera exercée, sous l'autorité et la responsabilité du chef du service, par des conducteurs à désigner par l'administration. Au chef de l'arrondissement de la Pointe-à-Pitre il sera alloué, indépendamment des frais de bureau, un supplément de frais de tournées de 1,000 francs.

A l'article 8 : *Ports et rades*, une économie de 5,795 francs a pu être réalisée, grâce à des réductions opérées sur les dépenses du personnel fixe du curage des ports et rivières. Les emplois d'agent des dragues, commis aux écritures, et de maître forgeron ont été supprimés, le conducteur des travaux paraissant en mesure de cumuler les attributions du premier de ces agents, et la surveillance des travaux du chantier ne devant pas créer au mécanicien ajusteur, maintenu en fonctions, un surcoît trop lourd de besogne et de peine.

Jalouse de contribuer de son côté à l'extension de nouvelles cultures dans la colonie, l'administration a maintenu sous la rubrique : *Champ d'expérience* le crédit de 2,619 francs figurant à l'article 13 du budget en cours au titre : *Loyers du laboratoire agricole*.

Ce crédit sera affecté notamment à l'aquisition d'une machine à décortiquer, d'un genre nouveau et perfectionné, en vue de faciliter les essais de culture de ramie qui tendent à se développer et au succès desquels nous devons si vivement nous intéresser.

En résumé, les dépenses du chapitre III qui figurent au budget de 1886 pour la somme de.......... 1,431,044ᶠ 00
ne sont prévues au projet de budget de 1887 que pour............................... 1,398,773 35

D'où une différence en moins de.......... 32,270 65

## CHAPITRE IV. — TRAVAUX PUBLICS.

En 1886..................... 559.282ᶠ 00
En 1887..................... 449.295 00

En moins en 1887......... 109,987 00

Cette différence s'accuse presque entièrement au paragraphe 2 de l'article 2 : *Travaux neufs et ouvrages d'art*, qui se trouve réduit de 111,800 francs à 13,580 francs. La situation de la colonie ne lui permettant pas de s'engager dans des dépenses nouvelles de constructions, l'administration s'est attachée à ne proposer que les crédits indispensables pour assurer l'exécution des travaux reconnus les plus urgents.

Elle s'est vue aussi, à regret, dans la pénible nécessité de réduire de 16,150 francs, par rapport au budget en cours, le crédit affecté à l'entretien et aux grosses réparations des routes coloniales et que, dans son plan de campagne qui vous sera soumis, M. le chef du service des ponts et chaussées proposait de fixer à 412,000 francs.

Mais, par contre, l'administration croit être restée dans les vues du conseil général, en opérant sur le crédit : *Edifices coloniaux*, à la rubrique : *Ports et rades, canaux et rivières* une diminution de 15,660 francs. Cette réduction vient s'ajouter à celle qui a été réalisée au titre du personnel fixe du curage à l'article 8 du chapitre III, et forme un total de 20,000 francs environ.

## CHAPITRE V. — DÉPENSES SPÉCIALES.

En 1886..................... 361,479ᶠ 00
En 1887..................... 350,687 40

En moins en 1887......... 10,791 67

Les articles 1, 2, 4, 5, 6, 7 et 8 ne donnent lieu à aucune observation. Il y a été prévu, à peu de différence près, les mêmes allocations qu'en 1886, les suppressions ne portant que sur des crédits dont le renouvellement n'aurait plus sa raison d'être. (Confection de tables décennales, souscription au monument de l'amiral Courbet, allocation au docteur Raiffer, etc).

A l'article 3 : *Encouragements aux cultures et à l'industrie*, vous constaterez, Messieurs les Conseillers généraux, l'inscription d'un crédit nouveau de 15,000 francs.

Dans la pensée de relever et d'honorer le travail, de stimuler aussi le zèle des cultivateurs, le chef de la colonie vous demande de mettre cette somme à la disposition de l'administration pour être répartie en récompenses, le jour de la fête nationale, entre les travailleurs qui seraient spécialement désignés par des commissions instituées dans chaque commune.

Ces récompenses seraient décernées au chef-lieu par M. le gouverneur, le 14 juillet de chaque année. Nous célébrerions dans une commune fête la *Liberté* et le *Travail*, appliquant ainsi cette autre et belle devise de la France républicaine, qui fait son honneur et sa force.

Le conseil général qui, en votant des primes pour les cultures secondaires, manifeste son ardent désir de les voir prendre tout le développement possible, ne pourra, j'en suis certain, qu'applaudir à la noble intention du chef de la colonie.

### CHAPITRE VI. — DÉPENSES D'ORDRE.

| | |
|---|---|
| En 1886..................... | 564,300f 00 |
| En 1887..................... | 485,177 63 |
| En moins............ | 79,122 77 |

L'écart constaté provient presque entièrement de la réduction de 434,200 francs à 355,255 francs des attributions à la caisse de l'immigration.

Nonobstant une diminution aussi sensible, l'administration a pu cependant, pour se conformer à la convention internationale du 21 juillet 1861 et déférer en même temps au vœu exprimé par le conseil général, prévoir au budget du service de l'immigration un crédit de 215,000 francs pour la formation d'un convoi en 1887.

Ce résultat a été obtenu en partie à l'aide des économies réalisées au titre du personnel et dont il vous sera rendu compte dans l'exposé des motifs à l'appui du budget de ce service.

Basse-Terre, le 21 novembre 1886.

*Le Directeur de l'intérieur,*
SAINTE-LUCE.

Basse-Terre. — Imprimerie du Gouvernement.

# EXPOSÉ DES MOTIFS

### A L'APPUI

## DU PROJET DE BUDGET

## DES RECETTES ET DES DÉPENSES

### DU SERVICE LOCAL

## POUR L'EXERCICE 1902

PRÉSENTÉ AU CONSEIL GÉNÉRAL

PAR

## M. JOSEPH FRANÇOIS,

GOUVERNEUR P. I.

BASSE-TERRE

IMPRIMERIE DU GOUVERNEMENT.

1901.

# EXPOSÉ DES MOTIFS

A L'APPUI

## DU PROJET DE BUDGET

## DES RECETTES ET DES DÉPENSES

## DU SERVICE LOCAL

# POUR L'EXERCICE 1902

PRÉSENTÉ AU CONSEIL GÉNÉRAL

PAR

## M. JOSEPH FRANÇOIS,

GOUVERNEUR P. I.

BASSE-TERRE

IMPRIMERIE DU GOUVERNEMENT.

1901.

# EXPOSÉ DES MOTIFS

*A l'appui du projet de budget du service local pour l'exercice 1902.*

Messieurs les Conseillers généraux,

J'ai l'honneur de vous soumettre le projet de budget des recettes et des dépenses du service local pour l'exercice 1902.

L'Administration n'a pas besoin d'affirmer qu'elle eût été particulièrement heureuse de préparer, sans accroissement d'obligations pour les contribuables, le fonctionnement financier de la campagne prochaine. Elle s'est trouvée en face d'un problème économique difficile à résoudre. Personne n'ignore que l'agriculture et l'industrie coloniales subissent en ce moment une crise pénible et inquiétante. Les facteurs les plus importants du budget sont menacés; les prix des sucres s'avilissent de jour en jour et d'énormes quantités de rhum sont, à l'heure actuelle, invendues sur les marchés métropolitains. Le devoir pour l'Administration était de leur venir en aide en diminuant les droits qui frappent ces produits à la sortie de la colonie. En leur tendant la main, c'était l'existence du budget lui-même qu'elle assurait, existence menacée depuis quelques années par des mécomptes qu'il était difficile de prévoir et de conjurer. Pour y arriver, elle a dû, à regret, augmenter dans une légère proportion, les charges actuelles de la population. Elle n'a recouru à cette nécessité qu'après avoir fait au budget des dépenses les suppressions compatibles avec le fonctionnement des services publics. Vous reconnaîtrez, d'ailleurs, Messieurs les Conseillers généraux, que les nouvelles taxes, ainsi que les majorations qui vous sont demandées, ne seront supportées en grande partie que par la portion aisée des contribuables.

## RECETTES :

### RECETTES ORDINAIRES.

Article 1er. — Contributions directes.

| | |
|---|---|
| En 1901 ....................... | 350,000ᶠ |
| En 1902 ....................... | 365,632 |
| | |
| En plus ................... | 15,632ᶠ |

Cette plus-value se justifie par une augmentation de 1,320 00
provenant de la construction de maisons nouvelles et
d'une élévation dans le rendement de l'impôt des
patentes de.................................................3,560 00

Cet impôt fait l'objet d'un travail de recensement
qui aura une heureuse influence sur son rendement.

L'article *Poids et mesures* est également augmenté de    30 00

                           4,910 00

D'un autre côté, l'impôt mobilier a subi une réduction de 1,650 francs qui est la conséquence de la
non location d'un grand nombre de maisons. 1,650 00

Il y a aussi une diminution de........   180 00
sur le montant des feuilles d'avertissement.

                           1,830 00

                           3,080 00

Deux impôts nouveaux qui touchent la fortune ou
l'aisance ont été introduits dans les taxes directes.
Ils concernent : 1° les voitures montées sur ressorts
et affectées au transport des voyageurs ou à l'usage
personnel de leurs propriétaires ;

2° Les pianos, à l'exception de ceux utilisés par des
professeurs enseignant à leur domicile.

Ces deux taxes, absolument équitables, ont été
établies l'année dernière à la Martinique et approuvées par décret du 3 avril 1901.

Elles sont prévues pour.....................12,552 00

    Différence égale..............15,632 00

Article 2. — Droits perçus par le service des douanes.
    En 1901..................  2,165,580
    En 1902..................  1,814,863

    Différence en moins......  350,717

Elle s'explique de la façon suivante :

*Droits perçus sur les denrées coloniales.*

*Sucre.* — Bien que les informations parvenues de diffé-
rentes sources à l'Administration permettent de compter sur
une récolte abondante, elle croit prudent, les perturbations
atmosphériques pouvant toujours déjouer les prévisions favo-

rables, de prévoir pour l'exercice un rendement de 40,000,000 de kilogrammes. Cette évaluation est supérieure d'un million à celle de l'exercice en cours.

Pour les raisons que j'ai indiquées au début de cet exposé, le droit fixé à 1 fr. 70 cent. a été ramené à 1 fr. 20 cent., soit une différence en moins, sur la base de rendement de 40,000,000 de kilogrammes, de................183,000 00

Par suite du refus par le Conseil d'État d'approuver la fixation votée par le Conseil général à 1 franc du droit de sortie sur le sucre, à un chiffre égal du droit de sortie sur les tafias et rhums, et à 60 centimes du droit de sortie sur les mélasses, j'ai dû, conformément aux instructions ministérielles, remanier le budget en Conseil privé et rétablir les quotités qui avaient figuré au projet de budget de l'Administration pour l'exercice courant.

*Café.* — Le rendement a été inscrit pour 500,000 kilogrammes au lieu de 600,000 inscrits au budget en cours.

La prévision de 600,000 kilogrammes n'a pas été atteinte ; notre production exportée au 1er septembre ne s'est élevée qu'à 440,000 kilogrammes. Dans certaines parties de l'île, si l'on peut s'attendre à une belle récolte, dans d'autres, au contraire, la récolte s'annonce médiocre, suivant les renseignements fournis à l'Administration........................ 3,000 00

*Tafia.* — L'exportation du rhum et du tafia en 1902 a été fixée à 1,700,000 litres. Cette industrie traverse une crise désastreuse. Elle est frappée par une mévente persistante dans la métropole ; il a paru nécessaire de diminuer de 1,500,000 litres, la prévision de l'année dernière qui s'élevait à 3,200,000 litres, soit une différence en moins, en tenant compte du droit fixé à 1 franc, de......... 79,000 00

*Cacao.* — La récolte du cacao comme celle de la canne s'annonce sous de bons auspices. Par suite, la prévision de 400,000 kilogrammes inscrite l'année dernière et dont la réalisation est certaine a été portée à 450,000 kilogrammes, soit une augmentation de............................ 1,000 00

*Roucou.* — Sans changement.

*Mélasse.* — Ce produit doit forcément se ressentir des effets de la crise qui

A reporter............1,000 00  26,000 00

Report............ 4,000 00  265,000 00

étreint les rhums et les tafias. Il a semblé imprudent de préviser une exportation supérieure à 1,700,000 litres, bien que la prévision pour la récolte de cannes soit supérieure à celle de 1901. L'Administration sait que les mélasses ne trouvent que très difficilement preneurs; soit en moins au taux de 60 centimes les 100 litres............ 79,800 00

Jusqu'à ce jour, la vanille, le bois de campêche et les ananas sont restés indemnes de droits à l'exportation. L'Administration a cru devoir, pour parer aux nécessités de la situation, les frapper d'un droit de 25 francs par 100 kilogrammes pour la vanille, de 25 centimes par 100 kilogrammes pour le campêche et de 4 francs par 100 kilogrammes pour les ananas, soit en plus............ 7,727 50

Se répartissant comme suit :
573,000 kil. de campêche à
25 centimes les 100 kil..... 1,482 50
103,000 kil. d'ananas à 4 fr.
les 100 kil............ 4,120 00
8,500 kil. de vanille à 25 fr.
les 100 kil............ 2,125 00
________
7,727 50

Les décimes additionnels par suite des réductions opérées sur les denrées autres que les sucrés ne s'élèvent plus qu'à 11,965 fr. 50 cent., soit une diminution de............ 30,614 50

8,727 50  875,414 50

Différence en moins........ 866,687 00

*Droit de douanes à l'entrée.* — Les droits de douanes à l'entrée sur les tabacs présentent une augmentation de 18,000 00

A reporter........ 18,000 00

Report................ 18,000 00

A la fin d'août 1901, les recettes réalisées sur les tabacs ont été de 189,784 francs, ce qui donne une moyenne, pour les 8 premiers mois de l'année, de plus de 17,000 fr. Tenant compte de l'augmentation toujours inséparable des quatre derniers mois de l'année, l'Administration estime que cette moyenne sera certainement atteinte. Cette considération l'autorise à porter pour 1902, le chiffre des recettes à 198,000 fr.

En ce qui concerne les recettes des douanes, sur les divers autres produits, les recettes réalisées l'année dernière ont été de 821,474 francs. Au 1er septembre 1900, elles atteignaient le chiffre de 569,535 fr. Les recettes au 1er septembre 1901, s'élevant à 560,763 francs, on est amené à supposer que le chiffre total des recettes pour l'année 1902 sera de 830,000 francs au lieu de 840,000 fr., soit une différence en moins de :...... 10,000 00

### Droit de statistique.

Sans changement.

### Droits de navigation:

Les droits de navigation ayant produit pour les huit premiers mois de l'année actuelle plus de 62,000 francs au lieu de 53,000 francs prévus, il semble à peu près certain que le montant des droits prévus pour l'année 1901 (80,000 francs) sera dépassé de plusieurs milliers de francs; il a, par suite, paru possible de prévoir le chiffre de 87,530 francs pour 1902, soit une augmentation de...................... 7,530 00

### Droits de pilotage.

Sans changement.

A reporter........ 25,530 00   10,000 00

Report............... 25,530 00   10,000 00

*Droits divers.*

Quelques droits ont paru susceptibles
d'être l'objet d'une prévision plus élevée,
soit en plus..........................   440 00

25,970 00  376,687 00

Différence égale.........   350,717 00

Article 3. — Droits perçus par le service des contributions.

En 1901................. 1,973,140ˡ
En 1902................. 1,832,500

En moins......   140,640

L'impôt de consommation a été calculé sur 1,300,000 litres
d'alcool pur, chiffre inférieur de 100,000 litres à celui du
budget de 1901. Cette estimation est proportionnée aux réalisations des huit premiers mois de l'année et à un recouvrement
équivalent pendant les quatre derniers mois, soit une diminution
de..............................................140,000ˡ 00

Le système des compteurs clos avec vases clos
n'a pu être encore installé dans la colonie. Les
nombreuses démarches et correspondances qui ont
dû être faites avec les maisons de commerce de
France pour l'achat du matériel nécessaire, sa
fabrication et son envoi à la Basse-Terre ont
demandé plusieurs mois. Au moment où ce matériel
allait être employé et le système mis en pratique, la
crise intense qui pèse sur la vente du tafia a déterminé
le Conseil privé à surseoir à l'examen du projet
d'arrêté, qui doit régler le nouveau mode de cap-
tation de l'alcool. Dès que ce projet pourra être
discuté et que l'Administration en aura fixé le texte
définitif, le vote du Conseil général recevra sa
pleine et entière exécution.

Le produit des licences de fabricants et de
marchands en gros a été augmenté de.   130ˡ 00
et les produits divers diminués de....   770 00

130 00  140,770 00

Différence égale..........   140,640 00

Article 4. — Droits perçus par le service de l'enregistrement.

En 1901................... 366,370
En 1902................... 399,995
                          _________
En plus........... 33,625

Ici, pour les raisons déjà exposées, le droit de vente de meubles de 0 fr. 60 cent. pour 100 a été porté à 1 pour 100, celui de vente d'immeubles de 1 fr. 05 cent. a été élevé à 2 pour 100 et le droit de quittance de 0,075 pour 100 a été doublé. Ces modifications apportées au tarif n'auraient rien d'excessif ; les droits de l'espèce seraient encore dans la métropole au moins deux fois plus élevés. Le droit de vente de meubles est, en effet, en France de 2 pour 100 ; le droit de vente d'immeubles de 4 pour 100 et le droit de quittance de 0 fr. 50 cent. pour 100.

Le droit gradué d'enregistrement, comme la loi du 28 avril 1893 l'a fait dans la métropole, a été converti en un droit proportionnel réduit de 0 fr. 15 cent. pour 100 pour les actes de partage, et de 0 fr. 20 cent. pour 100 pour les autres actes. Tous ces actes se prêtent par leur nature à ce léger relèvement de droit.

Enfin, un demi-décime a été ajouté aux deux décimes dont les droits d'enregistrement sont déjà majorés.

Ces modifications se traduisent par une augmentation de............................................37,000 00 pour les 8 derniers mois de l'année, étant donné que ces augmentations des quotités doivent être approuvées par le Conseil d'État.

Le droit sur la délivrance des passe-ports a été réduit de 600 à 100 francs. Les réalisations de 1899 ayant été de 400 francs, celles de 1900, de 300 fr., celles du premier semestre de cette année, de 40 fr. seulement, les départs pour Haïti devenant de plus en plus rares....................... 500 00

Les redevances sur concessions de terrains ont été portées de 3,000 à 4,000 fr. Les derniers rendements permettent cette augmentation....................... 1,000 00

L'acompte exigible en 1902 sur le prix de vente de l'habitation *Mayombé-Grand-Bassin* étant de 2,900 francs, la prévision actuelle de 1,400 francs a été augmentée de 1,500 francs....................... 1,500 00

Une diminution de 5,375 francs atteint

A reporter...........  -500 00  59,500 00

|  |  |  |
|---|--:|--:|
| Report................ | 500 00 | 39,500 00 |

le droit fixe et le droit proportionnel sur les contrats de rengagements des immigrants et sur les transferts des contrats, le service de l'immigration ne pouvant prévoir pour 1902 que 30 rengagements d'hommes et 10 de femmes......... **5,875 00**

|  |  |  |
|---|--:|--:|
|  | 5,875 00 | 39,500 00 |
| Différence égale.......... | | 33,625 00 |

### Art. 5. — Services divers.

| | |
|---|--:|
| En 1901.............. | 1,180,114 52 |
| En 1902.............. | 1,138,918 39 |
| En moins........ | 41,196 13 |

Cette différence se justifie par une réduction de 100,000 à 95,000 francs qui rapproche le produit de la taxe aux lettres plus exactement de la vérité, et aussi, pour le même motif, par une prévision en plus de 3,803 fr. 87 cent. sur les recettes de diverses origines et à divers titres.

Au paragraphe 2, le montant de la subvention accordée par l'Etat est réduit de 40,000 francs. M. le Ministre des colonies a fait savoir par un câblogramme que la prévision pour l'exercice prochain avait été ramenée de 840,000 francs à 800,000 francs.

### Art. 6. — Recettes d'ordre.

| | |
|---|--:|
| En 1901.............. | 122,117 11 |
| En 1902.............. | 124,847 00 |
| | 2,730 00 |

Cette différence provient :

1º D'une augmentation de................... 600 00

des centimes additionnels sur les sucres de l'arrondissement de la Pointe-à-Pitre ;

2º D'une plus-value de................... 3,750 00

|  |  |
|---|--:|
|  | 4,750 00 |

sur le produit des amendes et confiscations revenant aux communes et aux saisissants.

Ces augmentations sont par contre réduites de... 1,620 00

par suite d'une diminution des centimes additionnels au profit des communes sur le principal des contributions directes.

Différence égale...................... 2,730 00

# DÉPENSES.



Chapitre 1er. — Dettes exigibles.

Au projet de budget ces dettes sont inscrites pour 443,159 24
elles figuraient au budget de 1901 pour............ 450,739 26

En moins............... 7,580 00

Cette différence s'explique par la réduction de 166,000 à
98,420 francs du chiffre de l'annuité destinée au payement
de la dette de la colonie envers la société du Crédit foncier
colonial, conformément au décret du 25 mai 1901 qui a auto-
risé l'emprunt spécial que vous avez voté dans vos sessions
extraordinaires de juillet 1900 et de mars 1901... 67,580 00

Cette réduction a été, d'autre part, atténuée par
l'inscription d'un crédit de la somme de.......... 60,000 00
représentant le chiffre de la transaction offerte au cours
de votre dernière session ordinaire par M. Bourjac,
sur celle de 108,209 fr. 75 cent. résultant de jugements
définitifs rendus à son profit contre la colonie en
matière de droits de consommation.

M. le Minist.e des colonies, par une dépêche du
24 août dernier, a formellement invité l'Administration à faire figurer le montant de cette transaction
parmi les dettes exigibles de l'exercice prochain.

Différence égale...:..... 7,580 00

Chapitre 2. — Dépenses liquidées sur les exercices clos.
Mémoire.

Chapitre 3. — Gouvernement colonial.

Par rapport au budget en cours les dépenses inscrites à ce
chapitre présentent une différence de 10,020 francs. Elle provient de l'écart entre le traitement de l'ancien Gouverneur
titulaire et celui du nouveau Chef de la colonie et d'une réduction de 20 francs sur l'ensemble du matériel pour rester dans
les limites du maximum fixé par le tableau annexé au décret
du 20 août 1901, qui détermine la nomenclature des dépenses
obligatoires.

Chapitre 4. — Secrétariat général.

L'allocation prévue en 1901 pour le personnel du Secrétariat général s'élevait à la somme de............ 121,052 00

Pour se conformer au maximum obligatoire fixé
par le décret précité, elle a été ramenée pour
l'exercice prochain à............................ 110,052 00

Soit une différence en moins de..... 10,052 00

Le crédit du matériel n'a subi aucun changement.

Chapitre 5. — Immigration.

En 1901....................... 90,000 00
En 1902....................... 86,320 00

En moins............. 3,680 00

L'indemnité de 1,455 francs allouée pour frais de service au chef de bureau délégué au protectorat des immigrants a été supprimée sur la demande de l'inspecteur des colonies acceptée par l'Administration. Il a paru possible de confier la tutelle des Indiens résidant dans la colonie au Secrétaire général du Gouvernement sans indemnité aucune.

D'un autre côté, le crédit affecté aux rations et médicaments a dû être réduit de 4,225 à 2,000 francs, pour respecter le maximum obligatoire fixé par le décret du 29 août 1901.

Chapitre 6. — Justice et cultes.

En 1901.................. 613,316 50
En 1902.................. 585,001 50

En moins............. 28,315 00

Les frais de bureau du Procureur général ont été réduits de 1,000 francs à 500 francs comme pour les autres services.......................................................... 500' 00
Au paragraphe *Agents divers*, il a paru équitable de supprimer l'allocation de..................... 600 00
prévue en faveur d'un commis-greffier du tribunal de la Pointe-Pitre. Cette indemnité avait dans le principe été attribuée à un vieux fonctionnaire, aujourd'hui décédé.
Au matériel le crédit de....................... 1,455 00
destiné au payement des loyers du palais de justice de Grand-Bourg a été supprimé. Le tribunal de paix a été installé à la caserne, restaurée depuis l'incendie du 18 août dernier.
Le crédit de 1,200 francs affecté au rétablissement des actes de l'état civil et des tables décennales de l'arrondissement de la Pointe-à-Pitre a été également supprimé. Il a été reconnu que depuis plusieurs années ce crédit était resté sans emploi............ 1,200 00
Le crédit de 7,000 francs prévu pour indemnités

A reporter....................... 3,755 00

Report..........................  3,725  00

aux magistrats de la Cour d'appel et du parquet du
Procureur général délégués aux assises de la Pointe-
Pitre a été réduit à 2,000 francs. Après entente
avec l'autorité judiciaire, il a été décidé qu'un seul
magistrat de la Cour d'appel serait désigné pour
exercer la présidence des sessions d'assises, les deux
autres assesseurs et l'officier du ministère public
devant être choisis parmi les membres du tribunal
de la Pointe-à Pitre.......................  5,000 00

D'autre part, le crédit destiné au payement des
frais de justice et de poursuites a été ramené de
101,000 à 97,000 francs, subissant ainsi une réduction de 4,000 francs.......................  4,000 00

Le chiffre de 97,000 francs correspond à la
moyenne de la dépense.

Total des économies du paragraphe 2.........  12,755 00
qui est atténué par une augmentation de..    800 00
pour achat de livres de droit pour chaque
justice de paix et de l'inscription d'un
crédit de 2,610 francs pour frais de
bureau des cour, tribunaux et parquets...  2,610 00

3,410 00

Les frais de bureau étaient autrefois englobés
dans le crédit pour menues dépenses de la Cour et
des tribunaux. Ce dernier crédit ayant été
supprimé, il y a lieu d'inscrire une certaine somme
pour ces frais de bureau dont le détail figure au
projet de budget qui vous est soumis, ce qui ramène à.  9,345 00
le total des réductions opérées sur ce paragraphe.

Au paragraphe 3 *Personnel des cultes*, il a été
opéré une réduction de 20,000 francs, représentant
le traitement de 10 religieux du clergé diocésain.
L'Administration est convaincue que les besoins du
service du culte peuvent, sans inconvénient, être
assurés par un personnel de 51 prêtres. 20,000 00

Au chapitre 24 figurera le crédit nécessaire pour le repatriement de ces religieux.

Par suite de cette diminution d'effectif,
le chiffre des incomplets a été ramené de

A reporter.........  20,000 00 9,345 00

Report............ 20,000 00 9,345 00

8,000 à 7,000 francs soit une réduction de  1,000 00
qui porte à 19,000 francs l'économie
proposée à ce paragraphe............. —————— 19,0 0 00

Le total des réductions apportées à ce chapitre
s'élève donc à........................... 28,345 00
différerce égale au chiffre signalé plus haut.

Chapitre 7. — Service du Conseil général.
En 1901.................... 10,28.
En 1902.................... 8,702
                              ————————
En moins.......... 1,500

Cette diminution de crédit porte sur les frais de rédaction des
procès-verbaux qui sont réduits de 4,500 à 3,000 francs.

Chapitre 8. — Douanes.
En 1901.................... 355,609
En 1902.................... 358,509
                              ————————
En plus............ 2,900

Les crédits en ce qui concerne le personnel restent sans
changement. L'Administration aurait été heureuse de donner
au personnel des douanes, qui a reçu dans ces derniers temps
de l'avancement, son traitement intégral, mais elle a dû, avec
regret, y renoncer en présence de l'obligation qui lui est faite
de s'en tenir au chiffre du maximum obligatoire.

En ce qui touche le matériel, une augmentation de 100 fr.
figure au crédit pour bureau et logement du chef de bureau
de Marie-Galante. Le local servant à cette destination et loué
1,100 francs par an ayant été détruit par l'incendie du 18 août
dernier, le service s'est trouvé dans l'obligation de louer
l'immeuble de Mme veuve Guignette dont le prix de
location par convention verbale a été fixé
à 1,200 francs........................ 100 00

Une augmentation de 1,000 francs figure
au projet de budget pour le mobilier des
bureaux, achat d'instruments et d'embar-
cations, entretien et éclairage des ports.
L'expérience a démontré que le crédit de
3,000 francs, malgré la plus stricte économie, était absolument insuffisant pour
                              ————————
A reporter............ 100 00

Report................ 100 00

assurer le bon fonctionnement du service. 1,000 00

Il a été prévu une indemnité professionnelle de visite de 1,050 francs se répartissant comme suit :

Bureau de la Pointe-à-Pitre. — Trois vérificateurs à 250 francs. 750 00
Bureau de la Basse-Terre. — Un vérificateur à 200 fr...... 200 00
Bureau du Moule. — Un vérificateur à 100 fr..... ........ 100 00
————————— 1,050 00

2,150 00

Cette indemnité omise au budget de 1901 avait été jusqu'à cette époque accordée aux vérificateurs conformément à l'arrêté de réorganisation des finances du 19 juin 1891. Ces agents ont entre les mains des intérêts considérables ; il a paru équitable de les faire bénéficier comme dans la métropole de l'indemnité professionnelle.

Il a été également prévu au profit des quatre chefs de bureau chargés de la garde des colis postaux une indemnité de responsabilité de 650 francs se subdivisant de la manière suivante :............... 650 00

Chef de bureau Pointe-à-Pitre.,........ 250f 00
— Basse-Terre.......... 200 00
— Moule............... 100 00
— Marie-Galante........ 100 00

L'Administration estime que cette indemnité de responsabilité doit être rendue aux chefs de bureau. En outre du remboursement de la valeur des colis auquel ils sont exposés en cas de perte, ils sont dans l'obligation de conserver par devers eux et pendant un certain temps des fonds parfois importants provenant de la perception des droits.

Une allocation de 100 francs est en outre inscrite en faveur d'un brigadier et d'un préposé des douanes décorés de la médaille d'honneur douanière...... 100 00

Différence égale........................ 2,900 00

Chapitre 9. — Contributions diverses.
En 1901.................. 437,802 84
En 1902.... ........... 412,485 50
—————————
25,317 34

Au personnel se présentent : 1° une différence en moins de.................................................... 7,425 00
justifiée par le non remplacement de M. Cayole, commis principal de 2° classe, mis à la retraite, et de M. Erinna, commis de 2° classe, nommé dans le service des ponts et chaussées.

2° Une différence en moins de.................... 11,810 00
provenant de la suppression de l'indemnité de cheval à 13 employés du service actif (5 à la Basse-Terre et 8 à la Pointe-à-Pitre).

Au matériel figure une nouvelle différence en moins de.................................................... 311 34
sur les loyers du bureau du contrôleur de la Pointe-Pitre, qui étaient fixés pour l'année en cours à 1,611 fr. 34 cent.

Le bail de cet immeuble a été dénoncé, et une indemnité annuelle de 1,200 francs a été allouée à ce fonctionnaire pour la location de son bureau.

Pour la mise en pratique des compteurs clos avec vases clos il avait été prévu au budget en cours un crédit de 36,  0 en plus de celui de 4,000 fr. pour l'entretien des compteurs. L'achat du matériel seul a été fait et il parait peu probable que la partie disponible du crédit de l'année 1901 puisse être employée en temps utile Les nécessités budgétaires forcent l'Administration à ne prévoir pour l'exercice prochain qu'un crédit de 20,000 francs comprenant à la fois l'installation du nouveau système et l'entretien normal des compteurs, soit une différence en moins de.................................... 20,000 00

Mais il a paru équitable, conformément aux observations du service de l'inspection des colonies, d'accorder à 28 commis principaux un supplément de 300 francs par an, soit 8,400 francs pour mettre leur solde d'Europe en parité avec celle de leurs collègues de France. La parité de solde d'Europe constitue pour ces fonctionnaires un droit absolu consacré par le décret du 13 novembre 1898, publié au *Journal officiel* de la colonie du 13 janvier 1899.................................................... 8,400 00

A reporter........... 8,400 00  39,046 34

Report............... 8,400 00 39,046 34

L'indemnité de cheval ayant été retirée à 13 agents de la Basse-Terre et de la Pointe-à-Pitre dispensés en fait de l'entretion obligatoire d'une monture, l'Administration a pensé que ces agents seraient placés sur un pied d'infériorité vis à vis de leurs collègues des autres communes si aucune compensation ne leur était accordée. Dans cet ordre d'idées, elle a prévu au profit de ces agents (à la Basse-Terre et à la Pointe-à-Pitre) une indemnité pour frais de tournées fixée pour chacun d'eux à 400 francs par an, soit un total de 5,200 00

Enfin, il a semblé juste de porter à 720 francs le traitement du planton du bureau central actuellement fixé à 591 fr. ; cet agent compte huit années de services et reçoit un traitement inférieur à celui des plantons des contrôles de Basse-Terre et Pointe-à-Pitre, moins anciens que lui, soit une augmentation de...... ............. 129f 00

—————— 13,729 00

Soit une différence égale.................... 25,317 34

Chapitre 10. — Poids et mesures.

Sans changement.

Chapitre 11. — Poste aux lettres.

En 1901................... 438,179f 55
En 1902................... 340,596 55

En moins......... 97,583 00

Les diminutions réalisées sur le personnel ont été admises après entente entre l'Administration et l'Inspection des colonies. M. l'inspecteur général Adam a fait remarquer que le nombre d'arrivées de nuit des courriers était moins important à la Pointe-à-Pitre qu'à la Basse-Terre et pour ce motif il a recommandé la réduction de 300 francs faite sur le chiffre de 1,164 fr. allouée au receveur..................... 300f 00

Il a aussi constaté qu'un certain nombre de

A reporter.................. 300 00

Report............................ 800 00

bureaux de poste n'avaient pas leur raison d'être à cause du peu d'importance de leurs opérations et pour ce motif, reconnu exact par l'Administration, il a encore demandé la suppression par voie d'extinction de plusieurs emplois de receveur. Par voie de conséquence, une receveuse décédée sera remplacée numériquement par une distributrice. Le remplacement d'un facteur de 1re classe par un facteur de 3e classe nouvellement promu a aussi contribué à l'économie totale obtenue, soit......... 1,563 00

Il a été également prévisé 1,000 francs en moins sur l'indemnité pour service de nuit allouée aux agents de la Basse-Terre et de la Pointe-à-Pitre. Cette indemnité ressortira par unité de service en moyenne à 0 fr. 65 cent. pour chacun des commis principaux et commis, à 3 fr. 98 cent. pour les facteurs et à 1 fr. 90 cent. pour chacun des gardiens de bureau................................................ 1,000 00

3,763 00

Enfin une économie de 700 francs a été faite par la suppression de l'indemnité allouée aux facteurs de la Basse-Terre et de la Pointe-à-Pitre considérée par l'inspection des colonies comme injustifiée.... 700 00

Au matériel, les 87,800 francs et les 5,320 francs payés à titre de subvention au service des bateaux à vapeur de la Pointe-à-Pitre à la Basse-Terre, et de la Pointe-à-Pitre au Petit-Bourg ont disparu pour être inscrits au chapitre 26.

Comme le service de l'inspection, l'Administration a pensé que ces subventions n'avaient pas leur place dans le budget des postes, les navires subventionnés n'assurent pas exclusivement le service postal. Soit........................................ 93,120f 00

Différence égale............................ 97,583 00

Chapitre 12. — Enregistrement, Domaine et Timbre.

En 1901.................... 139,249
En 1902.................... 127,549

En moins...... 11,700

Cet écart entre les prévisions de l'année dernière et celles de cette année se justifie par l'augmentation de solde de 1,000 fr. attribuée au sous-inspecteur de 2° classe par suite de sa récente promotion au grade supérieur, et aussi par des augmentations de 500 francs, de 400 francs et de 800 francs, attribuées au receveur du Port-Louis, au receveur rédacteur et à un surnuméraire appointé comme conséquence de leur élévation en classe et en grade, soit une augmentation totale de.................................................... 2,700' 00

Par contre, les réductions suivantes ont pu être opérées :

1° Le receveur de 1'° classe, conservateur des hypothèques à la Pointe-à-Pitre, devant incessamment et sur sa demande être admis à faire valoir ses droits à la retraite, son traitement de 12,000 francs a été prévu seulement pour six mois, soit.... 6,000' 00
atténuée de......................... 300 00

afin de compléter pour les six autres mois de l'année, le traitement de 6,000 francs auquel aura droit le receveur de 4° classe au traitement de 5,400 francs, appelé à le remplacer.................. 5,700' 00

2° M. de Poyen, receveur de 5° classe à Marie-Galante, ayant été appelé à servir par décision ministérielle dans une autre colonie, l'intégralité de son traitement, soit 5,000 francs, est économisée par suite de la suppression du bureau de la Pointe-Noire, rendant disponible le receveur de ce canton, nommé à Saint-Martin ; le receveur de Saint-Martin, nommé à Saint-Barthélemy, et le receveur de cette dernière dépendance, nommé à Marie-Galante.... 5,900 00

3° Un receveur sans gestion ayant été nommé conservateur de la propriété foncière à la Côte-d'Ivoire, sa solde, soit 2,800 fr. a été également économisée.;.......... 2,800' 00

14,400 00 2,700 00

11,700

Le paragraphe 2, *matériel* reste sans changement.

Chapitre 13. — Imprimerie du Gouvernement

En 1901...................... 60,950f 00
En 1902...................... 56,850 00

|En moins........... 4,100 00

Cette différence provient d'une réduction de 1,800 francs sur la solde du chef de 2e classe dont la mise à la retraite a été demandée au Département. Son traitement a été inscrit pour six mois................................................... 1,800f 00
et d'une économie de.................................... 2,300 00
sur l'ensemble du crédit du personnel des ouvriers, économie qui peut être réalisée sans toucher aux droits acquis.

Différence égale............................. 4,100 00

Chapitre 14. — Service du Trésor.

En 1901................. 134,445f 00
En 1902................. 122,445 80

En moins........... 12,000 00

Cette différence en moins est motivée par la revision du taux de certaines remises sur les recettes locales allouées au trésorier payeur, au trésorier particulier et aux percepteurs, revision proposée par l'inspection des colonies et adoptée par l'Administration. Elle se traduit de la façon suivante:

**Trésorier payeur :**

|  | TAUX actuel. | TAUX proposé. |
|---|---|---|
| Recouvrements sur rôles de la Pointe-à-Pitre. | 1f 25 p. 0/0 | 1f 15 p. 0/0 |
| Liquidations et divers produits perçus directement à la Pointe-à-Pitre............... | 0 50 p. 0/0 | 0 45 p. 0/0 |
| Liquidations et divers produits perçus par les comptables au chef-lieu................. | 0 50 p. 0/0 | 0 40 p. 0/0 |
| Liquidations et divers produits perçus par les comptables de la Pointe-à-Pitre........... | 0 25 p. 0/0 | 0 20 p. 0/0 |

**Trésorier particulier.**

|  | TAUX actuel. | TAUX proposé. |
|---|---|---|
| Liquidations et divers produits perçus directement par lui........................ | 0f 50 p. 0/0 | 0f 45 p. 0/0 |
| Liquidations et divers produits perçus par les divers comptables de son arrondissement... | 0 25 p. 0/0 | 0 20 p. 000 |

**Percepteur :**

|  | TAUX actuel. 10 p. 0/0 | TAUX proposé. |
|---|---|---|
| Premiers 10,000 francs.................... | 10f p. 0/0 | 6 p. 0/0 |
| 10,000 francs suivants.................... | 5 p. 0/0 | 3 p. 0/0 |
| 10,000 suivants.......................... | 2 p. 0/0 | 1 50 p. 0/0 |
| Somme excédant 30,000 francs............. | 1f 50 p. 0/0 | 1 25 p. 0/0 |

**Chapitre 15. — Instruction publique.**

| | |
|---|---|
| En 1901.................. | 466,701 21 |
| En 1902.................. | 409,007 44 |
| En moins.... ... | 57,696 77 |

**§ 1er. — Service central à la Pointe-à-Pitre.**

Le crédit pour entretien et achat de mobilier a été réduit de 150 francs.................................... 150f 00

Les employés du Secrétariat général devant être remplacés dans le bureau du Chef de service par des instituteurs en exécution du décret du 5 avril 1901,

A reporter.................... 150 00

|  |  |
|---|---|
| Report.............................. | 150 00 |
| Il en résulte une diminution de................ | 185 00 |

s'expliquant par les différences de solde.

Au paragraphe 2 figure une diminution de..... 1,668 33

par suite de la fixation du crédit pour bourses dans les facultés, écoles et lycées de la métropole au chiffre de la dépense réelle.

A l'article 2 une diminution de.............. 20,582 50

a été opérée sur la subvention au lycée. Elle trouvera son explication dans le budget spécial du lycée.

Le montant des bourses au lycée qui s'élève actuellement à 22,787 fr. 50 offrira un disponible de 1,020 francs au 31 juillet 1902............... 1,020 00

La subvention de 30,000 francs au collège diocésain a été supprimée.

L'entretien de deux institutions d'enseignement secondaire pour une population de 107,000 habitants a paru abusif à l'Inspection des colonies. Un seul établissement lui a semblé suffisant pour l'enseignement qui s'adresse à quelques-uns. Cet établissement, pour répondre à la législation actuelle, doit être laïc et ne peut être que le Lycée. L'Administration, en présence des difficultés financières du moment, s'est associée à cette manière de voir......................................... 30,000 00

Une réduction de 500 francs sur les bourses du Collège a paru également nécessaire............. 500 00

Le crédit assurant la rente viagère aux professeurs du Lycée s'est augmenté de 2,261 fr. 21 cent. pour deux professeurs recrutés sous l'ancienne réglementation et qui ont réuni les dix années consécutives de service dans la colonie et s'est diminué, par contre, de 666 fr. 82 cent., la rente de M. Miot inscrite en 1901 pour 1,993 fr. 11 cent., ne devant être que de 1,326 fr. 20 cent., soit. 1,594 39

### Art. 3. — Instruction primaire.

Le paragraphe 1er présente une différence en moins de 8,788 fr. 50 cent. Elle provient de la suppression de l'emploi de secrétaire de l'inspecteur primaire, conformément à une dépêche ministérielle du 4 juin 1901 et de la disparition des

A reporter............. 1,594 39  54,055 83

Report.............. 1,594 39 54,055 83

frais de tournées jusqu'ici alloués à M^me la Supérieure principale des sœurs de Saint-Joseph de Cluny..................... 3,788 50

Au paragraphe 2 figure une augmentation de 2,557 fr. 16 cent. s'expliquant par une augmentation de la subvention aux communes de............ 272 16
du crédit pour les suppléances de...................... 1,100 00
et de l'inscription d'un nouveau crédit de.................... 3,000 00
                                    ————
                                    4,372 16

pour la solde des instituteurs en congé.

Mais ces diverses augmentations ont été atténuées par une diminution de............... 1,815 00
dans la subvention au cours normal....................—— 2,557 16

Au paragraphe 3: *Dépenses accessoires*, figure une économie de 5,432 00 que procure la réduction de 87 à 59 du nombre des sœurs de Saint-Joseph de Cluny et une légère augmentation de....... 228 01
                                    —— 5,230 99

des frais de voyage, etc.

Les bourses au pensionnat de Versailles ont, à la suite d'un vote du Conseil général, subi une réduction de 1,000 francs. Par contre celles dans les établissements privés ont été augmentées de pareille somme.

Il est prévu un crédit de 1,200 francs pour des bourses d'entretien dans les écoles de garçons de Basse-Terre et Pointe-à-Pitre pour la préparation au brevet élémentaire.............................. 1,200 00
                                    ————————
                                    5,351 16 63,048 42

En moins: 57,696 77

Chapitre 16. — Gendarmerie (personnel).

En 1901...................... 433,251 50
En 1902...................... 422,352 43

En moins........ 10,899 07

Dans la solde du personnel figure une augmentation de 737 fr. 20 cent. Elle résulte de l'application du décret du 5 avril 1900 qui, en transformant le poste provisoire de la Désirade en brigade, a créé un emploi de maréchal des logis à pied et ramené de 24 à 23 le nombre des gendarmes à pied soit.......................... 558 00 représentant la différence entre la solde du gendarme et celle du maréchal des logis.

D'autre part, il a été relevé une erreur de........................... 170 20

sur le crédit total du personnel ce qui explique la différence en plus de...... 737 20 signalée plus haut.

Une seconde augmentation de 688 francs porte sur l'indemnité pour frais de tournées et visites inopinées.

La somme de 3.812 francs inscrite au budget de 1901 était insuffisante pour permettre l'exécution de ces tournées....... 688 00

Aucun des enfants de troupe inscrits sur la matricule de la compagnie ne réunissant les conditions d'âge pour être admis dans une école préparatoire, le crédit de 547 fr. 50 cent., prévu à cet effet en 1901, a été supprimé........................... » 547 50

Le chiffre des incomplets a, d'un autre côté, été augmenté de ................ » 1,776 77

Le décret du 19 mars 1899 ayant accordé aux militaires de la gendarmerie le bénéfice du congé administratif, pendant la durée duquel ils n'ont droit qu'à la solde d'Europe, il y a lieu pour se rapprocher le plus possible de la vérité de porter de 23,223 fr.

A reporter........... 1,425 20 2,324 27

Report............... 1,425 20 2,324 27

23 cent. à 25,000 francs le chiffre à déduire pour incomplets.

Enfin, l'Administration a la conviction que
le personnel des brigades est trop considérable pour assurer la sécurité publique
sur le territoire de la colonie et constitue
une charge écrasante pour le budget. M. le
Chef d'escadron commandant la compagnie
partage entièrement cette manière de voir.
Après un examen minutieux des nécessités
du service, il a été le premier à recon-
naître que le lieutenant de Marie-Galante
pourrait être supprimé et remplacé par un
maréchal des logis à cheval, et que 2 ma-
réchaux des logis à cheval, 1 maréchal
des logis à pied, 1 brigadier à cheval,
1 brigadier à pied, 12 gendarmes à cheval
et 7 gendarmes à pied pouvaient disparaître
par le retrait des brigades de Saint-Martin,
de Saint-Barthélemy, de la Désirade, du
Canal et de la Capesterre (Marie-Galante).

Si la solde de ce personnel, ajoutée aux
accessoires et au casernement, avait été
rayée de notre budget, les finances de
la colonie auraient été allégées d'une dépense
annuelle de 73,641 francs, mais le nombre
des brigades étant déterminé par décret
et l'effectif de la gendarmerie coloniale,
recruté spécialement dans la métropole,
donnant lieu à certaines lenteurs de réintégration, il n'a pas été possible de songer
à réaliser entièrement cette économie pour
l'exercice prochain. Toutefois nous vous
proposons de diminuer le crédit actuel pour
indication d'une somme de 10,000 francs.
Immédiatement après l'approbation défini-
tive du budget des mesures seraient prises
pour sanctionner cette résolution........     10,000ᶠ 00

                                              1,425 20 12,324 27

Différence égale............              10,899 07

Chapitre 17. — Gendarmerie. — Matériel.

En 1901.................. 187,619 50
En 1902.................. 172,719 55
                          ——————————
                          14,899 55

Le paragraphe 1ᵉʳ Frais de traitement dans les hôpitaux présente une économie de................... 6,143ᶠ 75

Il y a en effet lieu de déduire du total de ces frais les sommes laissées sur leur solde par les militaires de la gendarmerie soignés dans les établissements hospitaliers.

Cette diminution se répartit comme suit :

| | | | |
|---|---|---|---|
| 1 chef d'escadron...... | 12 journées à 12ᶠ 55 = | 150ᶠ 60 |
| 1 capitaine........... | 12 — à 8 45 = | 101 40 |
| 3 lieutenants........... | 37 — à 6 80 = | 251 60 |
| Journées d'officiers.. | 61 | |

| | | | |
|---|---|---|---|
| 12 sous-officiers à cheval. | 219 journées à 2ᶠ 25 = | 492 75 |
| 3 — à pied.. | 55 — à 2 20 = | 121 00 |
| 14 brigadiers à cheval... | 255 — à 2 00 = | 510 00 |
| 4 — à pied.... | 73 — à 2 00 = | 146 00 |
| 110 gendarmes à cheval... | 2,008 — à 1 80 = | 3,614 40 |
| 23 — à pied.... | 420 — à 1 80 = | 756 00 |
| Journées de la troupe.. | 3,030 | |

Total des recettes à déduire.............. 6,143 75

Au paragraphe 2 : Fourrages, une seconde économie de................................... 6,256 20 a pu être réalisée. Elle porte sur les incomplets pour 15 chevaux donnant 5,475 journées représentant 21,000 kilogrammes d'avoine à 0 fr. 298 cent., soit un total de 6,256 fr. 20 cent.

Les fourrages étant fournis par les champs d'herbes à l'année, l'économie n'a pu porter que sur les rations d'avoine.

Au paragraphe 4 une troisième réduction de 2,500 francs a été faite sur le crédit affecté aux loyers des locaux, aucune location n'étant désormais payée pour l'immeuble servant à la brigade à pied de Basse-Terre devenue propriété de la colonie... 2,500 00

Total égal...................... 14,899 95

Chapitre 18. — Police générale.

Sans changement.

Chapitre 19. — Prisons.

Sans changement.

Chapitre 20. — Travaux publics.

En 1901...................... 869,384 25
En 1902...................... 825,144 25

44,240 00

Au paragraphe 1er, d'accord avec l'inspection des colonies, l'Administration a cru devoir supprimer l'indemnité de 400 francs à un conducteur auxiliaire, l'indemnité de 600 francs au chef de section de la Pointe-à-Pitre et le supplément de fonctions de 400 francs au chef de comptabilité. Ces allocations ne sont pas suffisamment justifiées...................... 1,400 00

§§ 2 et 3. Sans changement.

Art. 2. — Édifices coloniaux.

Entretien et grosses réparations.

Les modifications ont été introduites à cet article :

| | En plus. | En moins. |
|---|---|---|
| Bâtiment du Vieux-Gouvernement, bureaux du secrétariat général et des services.......... | » | 500 00 |
| Casernes de Gendarmerie Basse-Terre | » | 4,000 00 |
| — Pointe-à-Pitre.......... | » | 2,000 00 |
| — Grand Bourg.......... | » | 1,050 00 |
| Petit-Canal.......... | » | 15,000 00 |
| Prison de Basse-Terre.......... | » | 1,000 00 |
| Atelier des jeunes détenus.......... | » | 500 00 |
| Cathédrale et clocher.......... | » | 1,000 00 |
| Palais de justice Basse-Terre.......... | 500 00 | » |
| — Pointe-à-Pitre.......... | 1,500 00 | » |
| Bâtiment du Conseil général.......... | » | 1,200 00 |
| Magasin général.......... | » | 200 00 |
| Bureau des douanes Pointe-à-Pitre. | » | 500 00 |
| — Basse-Terre... | » | 250 00 |
| Poste des douanes de Basse-Terre.. | » | 100 00 |
| Hospice Saint-Elisabeth.......... | » | 5,000 00 |
| — de Saint-Claude.......... | » | 1,500 00 |
| A reporter.......... | 2,000 00 | 33,800 00 |

| | En plus. | En moins. |
|---|---|---|
| Reports.......... | 2,000 00 | 33,800 00 |
| Postes du pilotage Basse-Terre..... | » | 300 00 |
| — Moule......... | » | 1,000 00 |
| Bouées et Balises des passes et sur la ligne des bateaux à vapeur de Sainte-Rose et du Port-Louis............. | » | 1,000 00 |
| Appontement et ber de Basse-Terre. | » | 1,000 00 |
| Bouées des paquebots............. | 2,000 00 | » |
| Moule. Entretien des corps morts... | » | 1,000 00 |
| Sainte-Anne. Entretien des bouées.. | » | 590 00 |
| Phare de la Petite-Terre.......... | 1,000 00 | » |
| Achat de lampes pour les feux de la passe.................... | » | 500 00 |
| Achat de lampes et réparations pour les autres feux............. | » | 500 00 |
| Indemnité aux agents spéciaux chargés du payement des travaux en régie.... | 300 00 | « |
| Lignes téléphoniques............. | » | 500 00 |
| **§ 2. Travaux neufs :** | | |
| Installation d'une étuve à désinfection | » | 10,000 00 |
| Reconstruction du poste du pilotage de Grand-Bourg................. | 4,000 00 | » |
| Construction d'un bac pour le passage de Rivière-Salée............. | 6,700 00 | » |
| | 16,000 | 50,100 00 |
| Différence en moins....... | | 34,100 |

Article 4. — Routes coloniales.
Entretien et grosses réparations.

A ce paragraphe figurent une augmentation de 1,200 francs pour l'annexe de la Montagne de Saint-Robert dont le Conseil général a demandé le classement à sa dernière session....................... 1,200 00
et une nouvelle inscription de 500 francs pour l'annexe du chemin du Grand-Matouba dont le classement a également été décidé. 500 00

A reporter.......... 1,700 00

Report.............. 1,700 00

Par contre, le crédit de 12,000 francs pour
la route n° 3 de Basse-Terre au Vieux-Fort
a été réduit à 2,000 francs ............    2,000 00
et celui pour rectification de la rivière des
Vieux-Habitants et de la route annexe a été
supprimé, ce travail étant aujourd'hui ter-
miné...............................    2,000

§ Travaux neufs des routes coloniales.

Route n° 1.

La prévision de 1,000 francs pour construction de mains courantes sur la route de
la Goyave au Petit-Bourg a été supprimée,
cette construction étant déjà faite........    1,000
Il est prévu 3,000 francs au lieu de
5,000 inscrit au budget en cours pour la
rectification du lit de la rivière Moustique
au Petit-Bourg, soit une diminution de...    2,000

Route n° 2.

A la route n° 2, disparaissent les crédits
suivants :
Déblaiement du lit de la rivière de
Bouillante.........................    1,000 00
Continuation de l'empierrement de la route
à Sainte-Rose......................    1,500 00
Réparation du chemin de Sofaïa.......    1,500 00
Construction de mains courantes......    1,000 00
Confection du chemin de Saint-Robert..    2,000 00
Ces divers travaux ont été exécutés dans
le courant de cette année.
Une prévision de 4,000 fr. a été inscrite
en vue de la construction de murs de
soutènement et de défense après l'étang de
la Ziotte, soit en plus...............4,000 00

Route n° 4.

Les mains courantes de la route n° 4
ayant été construites, le crédit de 1,000 fr.
affecté à ce travail doit disparaître du budget    1,000 00

A reporter........... 5,700 00  18,000 00

Reports.............. 5,700 00  15,000 00

#### Route n° 5.

Une réduction de 1,000 francs a été opérée sur le crédit prévu pour la construction du chemin du Vieux-Bourg du Morne-à-l'Eau...........................  1,000 00

#### Route n° 6.

La prévision pour l'appontement du Petit-Canal disparaît du budget..............  2,000 00

#### Route n° 10.

Enfin, les travaux de construction de la route entre Clairange et le Morne-des-Pères ayant pris fin, le crédit affecté à ce travail ne doit plus figurer au budget prochain, soit  6,000 80

#### Article 4. — Curage des ports, canaux et rivières.

##### § 1er. — *Personnel.*

En 1901................  93,769 75
En 1902................  89,209 75

En moins...........  5,500 00

Économie réalisée par suite de démission, de décès et d'une réduction dans la prévision pour salaires des marins et remorqueurs.

##### § 2. — Matériel et objets de consommation.

En 1901....................  55,500
En 1902....................  75,500

En plus............  20,000

Ici figure un crédit de 20,000 francs pour l'envoi indispensable et urgent de la drague *Dolphin* au bassin de radoub...........................  20,000 00

Le crédit pour charbon, huile, graisse, etc. a été augmenté de 1,000 francs et celui par clapets de pompe à air, piston, etc., a été diminué d'une égale somme.

#### Article 5.

L'abonnement pour le service des eaux pour les établissements coloniaux de Basse-Terre et de Saint-Claude a été augmenté de..................................................  60 00

### Article 6. — Jardin botanique.

Aucun changement.

### Chapitre 21. — Ports et rades.

En 1901......................... 85,366 70
En 1902......................... 85,846 70

En plus........... 480 00

Cette légère augmentation a pour but d'accorder une indemnité de logement au maître de port de la Basse-Terre. Cet excellent agent était logé en nature au Moule, son ancienne résidence. Il ne serait pas équitable que son envoi à la Basse-Terre lui causât préjudice.

### Chapitre 22. — Service sanitaire.

En 1901......................... 26,403 50
En 1902......................... 25,600 00

En moins........... 803 50

Cette différence s'explique par la réduction d'une somme de 803 fr. 50 cent. opérée sur les salaires des gardes sanitaires pour rester dans la limite du maximum fixé par le décret du 29 août dernier.

### Chapitre 23. — Assistance publique.

En 1901......................... 312,291 30
En 1902......................... 283,855 26

En moins........... 28,436 04

Sur la demande de l'Inspection des colonies adoptée par l'Administration, les subventions aux communes pour l'entretien des médecins ont été supprimées. Il appartient à celles-ci de trouver les ressources nécessaires à l'assistance médicale, soit par une réduction dans leurs dépenses, soit par des impositions nouvelles.

Par voie de conséquence, un crédit de 4,000 francs a été prévu pour le payement pendant trois mois de la solde des médecins de Saint-Martin, des Saintes et de Saint-Barthélemy, en attendant leur réintégration dans la métropole.

### Chapitre 24. — Accessoires de la solde.

En 1901......................... 154,000 00
En 1902......................... 159,000 00

En plus........... 5,000 00

Cet écart se justifie par les frais de rapatriement des prêtres dont les emplois sont supprimés et par une augmentation de 600 francs des frais de transport, de route et de passage.

**Chapitre 25. — Encouragement à l'agriculture, au commerce et à l'industrie.**

| | |
|---|---|
| En 1901............. | 59,100 00 |
| En 1902............. | 61,100 00 |
| En plus............. | 2,000 00 |

Cette augmentation provient de l'élévation à 17,000 francs du crédit de 15,000 francs pour les primes aux cultures secondaires reconnu insuffisant.

Le reste sans changement.

**Chapitre 26. — Dépenses diverses.**

| | |
|---|---|
| En 1901............. | 69,713 00 |
| En 1902............. | 153,333 00 |
| En plus............. | 80,620 00 |

**§ 1er. — Agents divers.**

**Sans changement.**

**§ 2. — Allocations diverses.**

Ici se présente une différence de............. 93,120 00 par le simple déclassement de la subvention aux compagnies des bateaux à vapeur qui figurait autrefois au chapitre 11, pragraphe 2: Services des lignes postales et par une différence en moins de 5,500 francs provenant de la disparition des subventions passagères aux communes............. 5,500 00

87,620 00

**§ 3. — Dépenses non classées.**

A ce paragraphe figure un crédit de 5,000 francs pour la solde pendant 4 mois des 10 prêtres sans emploi. Cet accroissement se trouve contrebalancé par la suppression du crédit d'égale somme prévu au budget en cours pour indemnité de licenciement aux agents des douanes et des prisons.

A reporter............. 87,620 00

Report............ 87,620f 00

La subvention de 1,000 francs à la société des secours mutuels des membres de l'enseignement primaire a été supprimée, cette société pouvant fonctionner à l'aide des dons qu'elle reçoit et des souscription faites en sa faveur...................... 1,000 00

Différence égale............... 86,620 80

### Chapitre 27. — Dépenses imprévues.

Sans changement.

### Chapitre 28. — Dépenses d'ordre.

Le projet évalue ces dépenses à 124,847 francs; elles sont compensées par une recette équivalente.

Basse-Terre, le 31 octobre 1901.

*Le Gouverneur p. i.,*
JOSEPH FRANÇOIS.

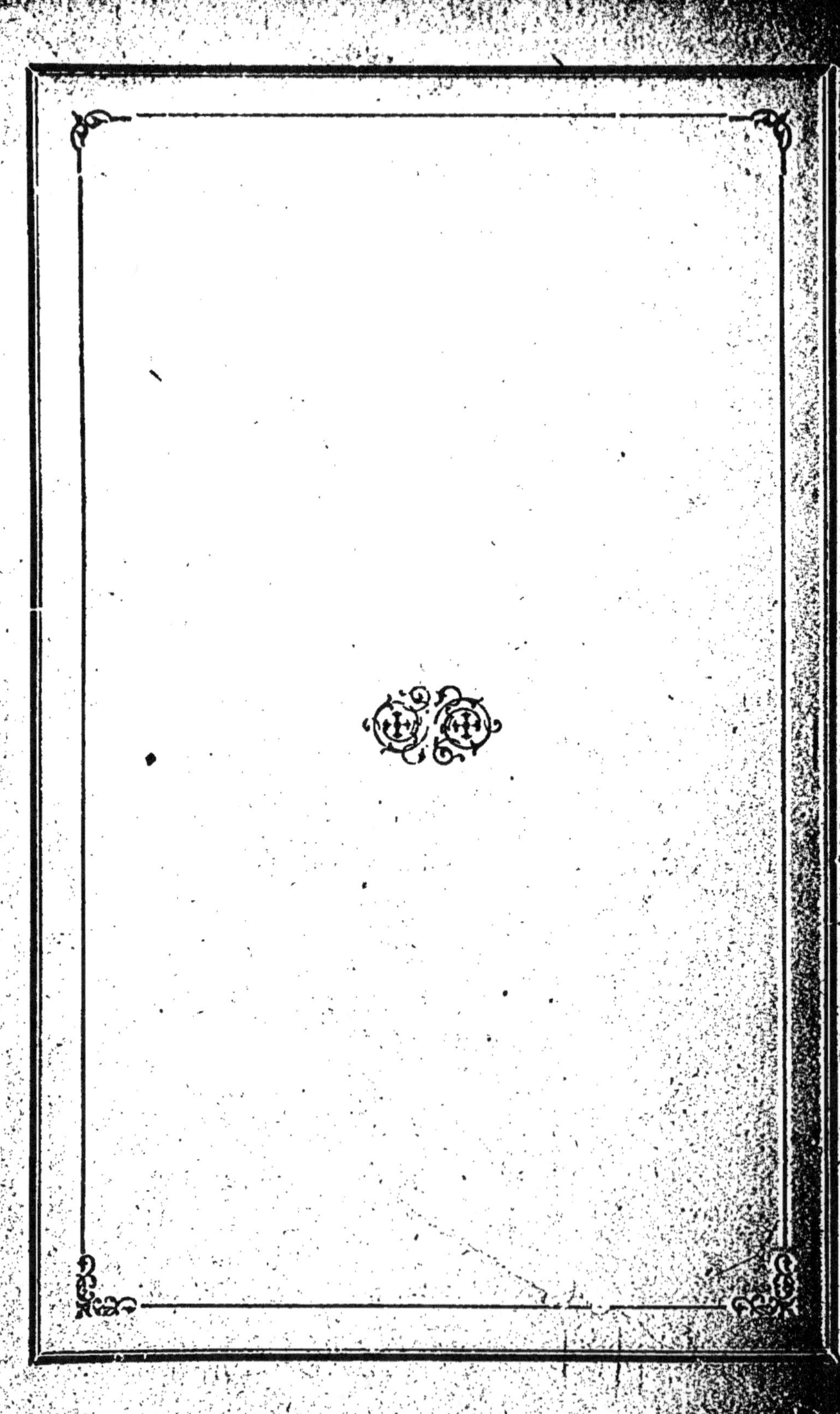